AF476811

Lk7/1412

DÉPÔT LÉGAL
Aube.
N° 34
1860

INAUGURATION

DE LA

STATUE DE NAPOLÉON Ier

A BRIENNE.

Extrait de l'Annuaire de l'Aube. — 1860.

INAUGURATION

DE LA

STATUE DE NAPOLÉON IER

A BRIENNE,

PAR

M. LE COMTE DE NARCILLAC,

AUDITEUR AU CONSEIL D'ÉTAT,

SOUS-PRÉFET DE BAR-SUR-AUBE.

BIBLIOTHÈQUE IMPÉRIALE

TROYES

TYPOGRAPHIE BOUQUOT, RUE NOTRE-DAME.

1859.

1860

Annuaire de l'Aube, 1860.

A. Gaussen, del. — Lith. Bouquot à Troyes. — G. Regamey fils lith.

STATUE DE NAPOLÉON,
inaugurée à Brienne en 1859.

INAUGURATION

DE LA

STATUE DE NAPOLÉON IER

A BRIENNE.

Pour ma pensée, Brienne est ma patrie : c'est là que j'ai ressenti les premières impressions de l'homme.

(Mémorial de Sainte-Hélène.)

Il est une ville dans le département de l'Aube dont le nom a été souvent cité dans les fastes de l'histoire contemporaine. Berceau de l'empereur Napoléon Ier, et par conséquent de la dynastie impériale, dont il est l'illustre chef, elle a reçu plus tard le glorieux mais sanglant baptême du feu, et la bataille de Brienne est restée l'un des plus remarquables épisodes de la campagne de France.

Assise sur une plaine aussi vaste que fertile, et dominée par le magnifique château des anciens comtes Loménie de Brienne, Brienne présente aujourd'hui l'aspect du calme et de la douce prospérité que procure la vie des champs. Dans les temps féodaux, les ducs de Montmorency étaient seigneurs de Brienne, de Pel-et-Der et de Lesmont; ils avaient droit de moyenne et basse justice, et possédaient à divers titres une grande partie des cantons de Brienne et de Soulaines. Dès le règne de Henri IV, le château et ses dépendances passèrent entre les mains de la famille Loménie. Cette famille, aussi illustre qu'estimée et aimée dans le pays, posséda longtemps cette propriété, et la révolution de 1789 l'y trouva encore. Tout le monde se rappelle le rôle qu'a joué le cardinal Loménie de Brienne au moment de ces grandes luttes intérieures de la France : on se rappelle aussi que, pour avoir été la dernière illustration de cette famille, il n'en fut pas la moins brillante.

La Révolution emporta cette famille comme tant d'autres; il n'en resta qu'une fille qui épousa le comte de Montbreton : à la mort de ce dernier, le château fut mis en vente et acheté par la famille de Bauffremont. Le château, construit dans le style Louis XIV, et qui se présente d'une manière grandiose et monumentale, a été restauré et meublé avec un grand goût par ses nouveaux propriétaires. On y a religieusement conservé la chambre où a couché l'Empereur en 1814, les volets criblés de balles et quelques boulets des Prussiens.

Mais Brienne n'a pas été seulement la résidence de quelques-unes de ces grandes familles, dont les noms ont été souvent rappelés par l'histoire dans les fastes de la nation française : on y voyait aussi, non loin du château, modeste en apparence, mais fière à juste titre de ses succès, l'Ecole militaire de Brienne, cette pépinière d'illustres capitaines dont le sang a coulé si souvent pour la gloire et l'indépendance de la France, pendant la longue période des luttes européennes, de 1792 à 1815.

Au milieu de ses élèves dont elle était glorieuse, paraît le jeune Napoléon Bonaparte. Napoléon Ier est né le 15 août 1769; il est entré à l'Ecole de Brienne dix ans après, en 1779 : l'Archevêque de Lyon l'avait recommandé chaudement à la famille de Brienne. Celle-ci répondit avec empressement aux désirs du vénérable prélat, et entoura de soins délicats et vigilants le jeune Bonaparte. Dans son enfance, celui-ci était vif, adroit, turbulent même. L'étude le changea beaucoup; il l'aimait passionnément, et les mathématiques étaient surtout le sujet qu'il préférait : aussi y fit-il de rapides et d'étonnants progrès. Le père Patraud, son professeur, disait qu'il était son premier mathématicien. Il était aussi devenu doux, tranquille, appliqué, mais d'une irritabilité nerveuse excessive qui réagissait sur sa nature physique d'une manière presque immédiate et vraiment extraordinaire. Un jour, le maître de quartier lui infligea la punition disciplinaire de dîner à genoux devant la porte du réfectoire où mangeaient ses camarades. Il supporta courageusement cette humiliation; mais à peine la punition reçut-elle un commencement d'exécution qu'il fut saisi par des vomissements et une violente attaque de nerfs. Le père Patraud intervint aussitôt, l'arracha à ce supplice, et blâma énergiquement le maître qui avait si cruellement puni son meilleur élève.

C'est vers cette époque qu'il courut un grand danger. Pendant les vacances de l'année 1781, il avait été, avec un certain nombre de ses camarades, à Bracquancourt, village de la Haute-Marne, passer quelques jours au couvent des Minimes, et il se livrait comme les autres au plaisir de la promenade à travers les champs, les vignes et les vergers. Un propriétaire, voyant avec déplaisir un certain nombre de jeunes gens entrer dans son potager et se rafraîchir avec quelques fruits précoces déjà mûrs, se mit à les poursuivre; les écoliers s'enfuient au plus vite, mais bientôt ils arrivent au bord d'une petite rivière, le Blaison : le jeune Bonaparte voulut la traverser; il s'y élança dans un endroit où les eaux étaient extrêmement profondes, et, entraîné par elles, il allait périr, quand le propriétaire qui le poursuivait se précipita à son secours, et dut exposer sa vie pour ramener au bord le jeune écolier qui avait déjà perdu connaissance; lui prodiguant ensuite les soins les plus empressés et les mieux entendus, d'agresseur il devint son sauveur. C'est ainsi que celui auquel étaient attachées les destinées de la France faillit être enlevé à son pays. Le souvenir de ce fait a été consacré par le nom qu'a reçu cette partie de la rivière, appelée depuis le *Trou-de-l'Empereur*.

En 1783, le concours d'usage le désigna pour achever son éducation à l'Ecole de Paris.

Il montrait depuis longtemps déjà une intelligence vigoureuse et largement ouverte; il avait des saillies originales qui étonnaient souvent les personnes qui se trouvaient en rapport avec lui. Il fut confirmé par l'archevêque de Paris, et lorsque le nom de Napoléon lui eut été lu, ce prélat dit qu'il ne connaissait pas ce nom et qu'il n'était pas dans le calendrier. L'enfant répondit que ce ne saurait être une raison, puisqu'il y avait une foule de saints et seulement 365 jours; le vénérable archevêque fut charmé de cette réponse et procéda à la cérémonie.

Napoléon eut encore pour maîtres, à Brienne, le fameux général Pichegru et le général de Kéralio; c'est ce dernier qui lui fit subir ses examens de sortie de l'école, et il répondit à des personnes qui lui faisaient observer la faiblesse relative de quelques-unes de ses compositions : « Il est très-fort sur les » mathématiques, et j'aperçois en lui une étincelle qu'on ne » saurait trop cultiver; si je passe pardessus les règles, je sais » ce que je fais. » Cette prescience singulière a été depuis extraordinairement dépassée. Le modeste écolier, le héros futur, se livrait alors à la lecture et à la méditation avec passion; il devint plus sombre et plus méditatif. Il prit une attitude plus sérieuse et plus réfléchie, et déjà sur son front plus large son génie semblait resplendir. C'est ainsi que nous le représente, à l'âge de 16 ans, la statue qui lui a été érigée sur la place de l'Hôtel-de-Ville de Brienne, et dont je parlerai plus bas.

C'est en 1785 que le jeune élève de Brienne quitta l'Ecole militaire de Paris pour entrer comme lieutenant au régiment de la Fère. L'aigle commençait à prendre cet essor qui devait faire l'étonnement et l'admiration du monde et de son siècle. Tous se rappellent l'élévation de son vol et sa puissance.

Quand, vingt ans plus tard, Napoléon revit Brienne, cette ville pour laquelle il avait conservé un profond et bien doux souvenir, il était Empereur; il venait de revêtir la pourpre et le diadême; les cérémonies du sacre avaient été accomplies à Reims. Il s'arrêta à Brienne, revit avec bonheur un certain nombre des personnes qu'il y avait connues, particulièrement le jardinier de la maison, le sieur Lorey, qui lui avait rendu dans le temps quelques légers services. C'était lui, en effet, qui lui apportait les fruits, les gâteaux dont il avait besoin. Je tiens ces renseignements de la femme de ce jardinier, qui me raconta combien ce brave homme versa d'abondantes larmes de joie et comme de triste pressentiment (car il ne le revit plus!) lorsque l'Empereur lui serra la main d'abord, et l'embrassa ensuite au moment de le quitter.

L'Empereur avait atteint alors le grand but qu'il s'était proposé, et ne l'avait atteint qu'au prix de généreux efforts, et par l'impulsion féconde et vivifiante de son puissant génie : le culte était rétabli, l'administration organisée, la législation refondue et ramenée à cette admirable unité qui fait la gloire et le prestige de nos codes, de ces codes si sagement conçus que les législations étrangères leur ont déjà fait de nombreux emprunts, et que depuis plus d'un demi-siècle ils n'ont subi en France qu'un très-petit nombre de modifications de détail ; la France avait recouvré toute son influence, toute sa grandeur, toute sa prospérité. Quelques années ont passé ; au calme de l'étude a succédé le bruit des armes. Le canon tonne dans ces paisibles murs où l'on avait coutume d'entendre la voix des maîtres et des professeurs des écoliers de Brienne. Les boulets réduisent en poussière les tranquilles demeures des habitants de la modeste cité. — La France est envahie ! Brienne, le berceau de l'Empereur, est souillé par la présence de hordes ennemies ! — Un cri s'est élevé vers Napoléon : Brienne! cette ville où l'Empereur a ressenti les premières impressions de l'homme, cette ville qu'il a visitée dès que la couronne impériale s'est posée sur sa tête, comme s'il avait voulu lui en faire le premier hommage; sa chère ville, enfin, va tomber entre les mains de l'étranger ! Il accourt ; il accourt avec ses vaillantes cohortes ; il dispute pied à pied cette terre qui est sienne aux innombrables bataillons des armées autrichienne et prussienne. A la vue de ses aigles, l'ennemi, qu'elles ont si souvent fait trembler, s'ébranle, hésite, et bientôt vaincu recule avec effroi, et fuit éperdu pour ne s'arrêter qu'à l'abri des collines du Bassigny. Le général Blücher ne doit sa liberté qu'à un jeu du hasard ; Brienne est délivré ! !

Tel fut l'un des plus beaux faits militaires de la campagne de France. Telle fut aussi la dernière visite de l'empereur Napoléon Ier à Brienne. Son grand cœur était déchiré; il avait vu tout ensanglantées les rues de sa ville ; il y avait vu ses enfants et les élèves de son Ecole payer du plus pur de leur sang l'honneur de la protéger contre l'invasion !

Telle fut enfin la lutte mémorable qui porte dans l'histoire le nom de bataille de Brienne, et la date du 20 février 1814.

C'est ainsi que Brienne réunit en un triple faisceau de gloire et ses vieux souvenirs historiques, et ceux plus récents de la jeunesse du plus grand homme des temps modernes, et l'honneur de donner son nom à l'une des plus grandes victoires remportées par la France sur l'Europe coalisée.

Mais revenons au jeune Napoléon Bonaparte. C'est en regard de son nom que le général de Kéralio avait inscrit dans ses notes ces mots remarquables : *Honnête et reconnaissant*. Ce caractère s'est maintenu tel pendant toute la durée de la vie du grand homme, aussi bien à l'époque de sa toute-puissance qu'à celle où il mourait captif à Sainte-Hélène.

C'est ainsi qu'on lit dans son testament, daté du 15 avril 1821 : *Je donne et lègue un souvenir de reconnaissance au général Dutheil, ... à Minron* (tué à ses côtés à Arcole, en le couvrant de son corps). Enfin, sa pensée se reporte sur le bataillon de l'île d'Elbe, sur les blessés de Ligny et de Waterloo, sur les habitants de Brienne et de Méry, qui ont le plus souffert, sur les armées Françaises, qui ont combattu de 1792 à 1815 pour la gloire et l'indépendance de la nation. Il attachait une très-grande importance à l'entier accomplissement de ses dernières volontés, d'autant plus qu'il y voyait un acte de reconnaissance; aussi y revient-il plusieurs fois au milieu des cruelles souffrances que lui causait la maladie, et il s'exprime ainsi : « S'il y avait un retour de fortune, et que mon fils re- » montât sur le trône, il est du devoir de mes exécuteurs testa- » mentaires de lui remettre sous les yeux tout ce que je dois à » mes vieux officiers et soldats, à mes fidèles serviteurs, à ma » ville de Brienne. » (*Mémorial de Sainte-Hélène.*)

Le legs fait à la ville de Brienne s'élevait à 1,200,000 francs. Il avait légué, en outre, 200,000 francs à répartir entre les habitants de cette ville et du canton qui avaient le plus souffert.

Le premier Empire est déjà loin de nous; mais la France n'est point ingrate, la France n'oublie pas.

Deux fois, en un demi-siècle, elle a retrouvé dans les institutions impériales l'ordre, la force et la grandeur. L'accomplissement des volontés de l'empereur Napoléon Ier est devenu une question nationale, plus encore une question de justice et d'équité; car les sommes que l'Empereur avait léguées faisaient partie de son domaine privé, de ce domaine qui, sous toutes les législations, et spécialement sous celle de l'Empire, ne peut jamais être réuni au domaine de l'Etat, et qui l'a cependant été par suite de l'ordonnance du 15 août 1818. (Rapport de la Commission instituée pour l'exécution du testament de l'Empereur, du 12 août 1853.)

Il appartenait donc à celui qui a de nouveau rendu à la

France sa puissance et son repos, de recueillir et de méditer les pieuses pensées du fondateur de la dynastie impériale. Mais les choses se sont notablement modifiées depuis 1821 : Brienne a relevé ses murs; les dommages causés par la guerre ont été presque effacés; les boulets prussiens ont disparu, et la charrue sillonne paisiblement les champs que tant d'armées ont foulés dans leurs chocs terribles.

Les souffrances de cette époque ont disparu, sans doute, et le temps a fermé bien des plaies, comme il a enlevé bien des cœurs qui ont emporté sous la pierre des sépulcres leur dévoûment et leur amour pour l'homme qu'ils avaient vu grandir au milieu d'eux, et dont ils avaient été les serviteurs fidèles ou les vaillants soldats.

Le legs de l'empereur Napoléon Ier était encore la consécration authentique des illustrations de la ville de Brienne et de ses glorieux souvenirs, c'était, en un mot, ses lettres de noblesse ! Le bienfait avait une origine si élevée, et la main qui l'apportait était si généreuse, que les habitants en avaient été profondément émus, et cependant ces pensées n'avaient reçu jusqu'alors aucun commencement d'exécution.

Dès 1852, l'empereur Napoléon III s'empressa de répondre aux intentions de l'auguste testateur.

Il constitua une Commission composée des membres dont les noms suivent :

Le général comte d'Ornano, sénateur, gouverneur des Invalides; le comte de Las Cases, sénateur; de Royer, procureur général; Boulay (de la Meurthe), conseiller d'Etat; le comte Eugène Dubois, maître des requêtes au Conseil d'Etat.

Cette Commission fut chargée de rechercher quelles étaient les diverses parties du testament qui se trouvaient encore susceptibles d'exécution, quelles étaient les ressources au moyen desquelles on pourrait y pourvoir. Elle déposa son rapport le 12 août 1853.

Elle proposait d'affecter une somme de huit millions à l'exécution des dispositions testamentaires, répartie ainsi qu'il suit :

300,000 francs aux officiers et soldats du bataillon de l'île d'Elbe, ou à leurs veuves et à leurs enfants;

200,000 francs aux blessés de Ligny et de Waterloo;

1,500,000 francs aux officiers et aux soldats qui ont combattu dans les armées françaises de 1792 à 1815;

400,000 francs à la ville de Brienne ;

1,300,000 francs aux provinces qui ont le plus souffert des invasions ;

300,000 francs à la ville de Méry ;

400,000 francs aux légataires particuliers, et à leurs veuves ou à leurs héritiers directs. — Etc.

Un crédit extraordinaire de pareille somme fut donc ouvert au ministère d'Etat sur l'exercice 1854, pour être affecté à l'exécution du testament de l'empereur Napoléon Ier. Une nouvelle Commission fut constituée : elle se composait de MM. le général comte d'Ornano, sénateur, gouverneur des Invalides; Rouher, vice-président du Conseil d'Etat; Boulay (de la Meurthe), conseiller d'Etat; de Royer, procureur-général près la Cour de cassation, conseiller d'Etat.

Etaient attachés à la Commission : MM. Perron, chef de section au ministère d'Etat; Lehon, maître des requêtes au Conseil d'Etat; Mesnard, auditeur au Conseil d'Etat.

Cette nouvelle Commission déposa son rapport le 5 mai 1855, et, immédiatement après ses conclusions, adoptées par S. M. l'empereur Napoléon III, on arriva à l'exécution matérielle des dispositions prises.

Les différents décrets relatifs aux anciens militaires ont reçu une large exécution dans le canton de Brienne, puisqu'il y existe aujourd'hui plus de deux cents de ces braves qui sont pensionnés ou secourus par l'Etat.

Puis la Commission, s'inspirant des dernières volontés de l'auguste testateur, dit : « Les 400,000 francs affectés à la ville de » Brienne doivent être consacrés à des œuvres d'utilité com- » munale ayant un caractère d'importance et de durée qui per- » pétue chez les habitants le glorieux souvenir dont l'Empereur » les a honorés à son lit de mort : il faut qu'il reste de grandes » traces de la glorieuse origine du bienfait; en un mot, les » fonds alloués doivent être employés à des constructions im- » portantes, à de sérieuses fondations de bienfaisance. » (*Rapport du 2 février* 1855. *Décret du 5 août* 1854.)

Le Conseil municipal de Brienne, dans sa reconnaissance, s'inspira de ces pensées et proposa l'emploi des fonds qui fut réglé ainsi qu'il suit, de concert avec le maire, M. Chavance; le sous-préfet de l'arrondissement de Bar-sur-Aube, M. Salle; le préfet de l'Aube, M. Bélurgey de Grandville, et la Commission ci-dessus dénommée :

25,000 francs pour l'érection d'une statue représentant le jeune Napoléon Bonaparte, élève de l'Ecole militaire de Brienne;

130,000 francs pour la construction d'un hôtel-de-ville monumental;

105,000 francs pour la réparation de l'église;

80,000 francs pour la fondation de lits à l'hospice de Brienne, pour travaux de réparations, appropriations de salles de classes pour les jeunes filles, et réparations à la salle d'asile;

20,000 francs pour la fondation d'une rente perpétuelle en faveur du bureau de bienfaisance;

Enfin, 50,000 francs comme fonds de réserve pour l'entretien de ces divers édifices.

Les travaux adjugés en 1857 furent terminés au printemps de 1859, et, le 29 mai de la même année, il fut procédé à l'inauguration, par M. le Préfet, délégué par Sa Majesté l'Empereur pour présider cette fête.

La statue de l'empereur Napoléon Ier à l'âge de seize ans a été exécutée avec un rare bonheur par M. Louis Rochet, déjà connu par de remarquables ouvrages, entre autres par la statue de Guillaume-le-Conquérant, inaugurée à Falaise. Le monument qui reproduit les traits du jeune Napoléon Bonaparte est en bronze. L'élève de Brienne tient un livre de la main gauche; la main droite est appuyée sur un globe et tient un compas; la tête est légèrement penchée et dans l'attitude de la méditation qui lui était alors habituelle : cette statue est élevée sur la vaste place carrée qui s'étend entre l'hôtel-de-ville et la route départementale, la face tournée vers cette route. Elle est posée sur un élégant piédestal en marbre vert et noir : ce dernier est entouré d'un demi-cercle en pierre blanche de Châtillon, et la partie qui regarde la route est fermée par une grille en fonte dorée. Sur ce même côté du piédestal est gravée l'inscription suivante : « *Pour ma pensée, Brienne est ma patrie :* » *c'est là que j'ai ressenti les premières impressions de l'homme.* » (Mémorial de Sainte-Hélène.)

La même statue avait d'abord été exécutée en marbre blanc et achetée par le ministre d'Etat pour être placée au château des Tuileries; elle avait valu à son auteur, à l'Exposition de 1854, l'honneur d'une médaille en or de 1re classe, et la reproduction en bronze lui a mérité la croix de chevalier de l'ordre impérial de la Légion-d'Honneur.

L'hôtel-de-ville a été construit sur les plans de M. Garrel, architecte départemental ; il s'est acquitté de ce travail avec succès, et l'on trouve dans cette construction originale et monumentale le type qu'y désirait voir la Commission du testament de l'Empereur. La toiture, d'une élégante hardiesse, couronne avec bonheur les solides assises du corps de bâtiment, dont le développement n'est pas moindre de 23 mètres dans la longueur de sa façade sur 13 mètres de profondeur : c'est une œuvre artistique, appartenant au style de la Renaissance, bien conçue et exécutée avec talent. Cet édifice est situé au milieu d'une vaste place presque carrée ; cette place n'existait qu'en partie : il fallut l'agrandir et la rendre régulière : la dépense nécessitée par les acquisitions fut couverte presque entièrement par le produit de la vente de l'ancienne mairie.

Le perron est développé et composé de cinq marches ; la porte monumentale qui donne accès dans l'intérieur est flanquée de deux colonnes qui supportent le large balcon de la fenêtre médiane du premier étage ; le balcon est orné d'une galerie en fonte dorée, chargée d'un grand N entrelacé dans les barreaux ; au-dessous du balcon ressortent les armes de la ville et l'inscription en lettres majuscules : *Hôtel-de-Ville*. Au second étage, s'élève une fenêtre monumentale dont le chapiteau représente la tête de l'Empereur, au-dessus de laquelle planent deux aigles éployés, accostés de deux Victoires.

Dans l'intérieur, on remarque particulièrement un très-bel escalier et une magnifique salle décorée avec splendeur, et dont le plafond, en bois de chêne à disposition, a été l'objet de l'admiration générale ; enfin une salle des séances pour le Conseil municipal. Les autres distributions sont affectées aux divers services municipaux et de la justice de paix, et répondent parfaitement aux besoins locaux. La première pierre de l'hôtel-de-ville a été posée le 15 août 1857. Il a été construit par M. Tisserand-Molins, entrepreneur à Troyes.

L'église est un monument historique qui date du XVe et du XVIe siècle. Les travaux ont eu principalement pour objet l'achèvement du chœur, la construction d'un maître-autel en harmonie avec son style, la réparation générale du monument et des orgues. Le tout a été exécuté sur les plans de M. Garrel, architecte départemental, par MM. Demerli et Jaleton, entrepreneurs; les trois nouveaux vitraux ont été peints par M. Martin-Hermanowska, peintre-verrier à Troyes. On peut affirmer que le goût le plus pur a présidé à tous ces travaux.

Les remaniements opérés dans l'hospice ont eu pour objet des salles nouvelles pouvant contenir quinze à seize lits, une chapelle, une salle de classe pour les jeunes filles, une pièce pour un ouvroir, et quelques réparations à la salle d'asile.

Les œuvres de charité devaient avoir aussi leur part : le bureau de bienfaisance a donc reçu une large allocation pour les distributions à faire aux indigents.

Enfin, un fonds de réserve a été constitué pour subvenir aux dépenses d'entretien que nécessiteront les nouveaux édifices qui seront à l'avenir l'ornement de la ville de Brienne.

Ainsi furent accomplies les dernières volontés de l'empereur Napoléon Ier. — Une inauguration générale vint constater cet heureux résultat.

Le dimanche 29 mai 1859, un immense concours de populations se pressait dans la ville de Brienne ; sur le devant de l'hôtel-de-ville, 400 sapeurs-pompiers étaient rangés autour de la statue de l'Empereur. Des anciens militaires de l'Empire, médaillés de Sainte-Hélène, s'étaient placés à leurs côtés.

Une élégante estrade s'élevait en face de la statue pour recevoir les fonctionnaires des divers ordres et les maires des communes du canton ; deux tribunes avaient été réservées sur la place pour les dames de la ville et des environs.

A trois heures, M. le vicomte de Charnailles, préfet de l'Aube, délégué par Sa Majesté l'Empereur, pour présider à la cérémonie, Mme la vicomtesse de Charnailles, et M. le comte Eugène Dubois, conseiller d'Etat, arrivèrent, et s'arrêtèrent devant les bâtiments où était autrefois placée l'Ecole militaire. M. le comte de Narcillac, auditeur au Conseil d'Etat, sous-préfet de Bar-sur-Aube, et M. Chavance, maire de Brienne-Napoléon, accompagnés de MM. de Metz, sous-préfet d'Arcis, Pellat, sous-préfet de Bar-sur-Seine, et Lagros, sous-préfet de Nogent-sur-Seine; de M. Jacquot, adjoint au maire ; du Conseil municipal, composé de MM. Lorey-Lorey, Tassin-Vernand, Petit-Ramonnet, Aubert aîné, Déroo, Drot, Allart, Marson-Petit, Robiquet-Doré, Mailly, Arnoux aîné et Dautel, ainsi que d'un grand nombre de fonctionnaires, des maires du canton et des notabilités, reçurent M. le Préfet à son arrivée.

M. le Préfet et M. le comte Eugène Dubois, conseiller d'Etat, descendirent et se mirent à la tête du cortége; ils se rendirent à l'hôtel-de-ville, escortés par les sapeurs-pompiers, qui avaient formé la haie sur leur passage.

Mme la vicomtesse de Charnailles fut reçue par Mme la comtesse de Narcillac, Mme Chavance et Mme la baronne de Metz; puis ces dames prirent place au balcon de l'hôtel-de-ville.

Après avoir visité avec autant d'intérêt que de satisfaction le nouvel hôtel-de-ville, dû à la magnificence impériale, M. le Préfet, suivi de toutes les autorités locales et départementales, et des notabilités, traversa la place au milieu de l'attention sympathique d'une population émue et joyeuse et des vivats des vieux et glorieux débris de nos armées, et prit siége sur l'estrade d'honneur, vis-à-vis de la statue élevée au jeune Napoléon Bonaparte.

Sur cette estrade avaient pris place, à droite de M. le Préfet, le sous-préfet de Bar-sur-Aube, et, à sa gauche, le maire de Brienne, puis M. Courant, procureur impérial à Bar-sur-Aube, M. Boucher, procureur impérial à Troyes, et les membres du Conseil général, les représentants de la magistrature, des divers services administratifs, et les vingt-quatre maires du canton, assistés d'un certain nombre de leurs collègues les plus voisins, MM. les membres du Conseil d'arrondissement et MM. les curés et desservants des paroisses voisines.

Sur un signe de M. le Préfet, la toile, qui dérobait aux regards de la foule attentive l'image du futur héros, tombe, et le monument apparaît dans sa noble simplicité, dans sa frappante ressemblance : un vif rayon de soleil, perçant les nuages qui couvraient la scène jusqu'alors, vint frapper d'un éclat subit ses traits nobles et accentués.

Au milieu des acclamations enthousiastes, des larmes et des vivats prolongés viennent à resplendir les traits de celui qui s'est dit enfant de Brienne, et qui devait remplir le monde de son nom et couvrir sa patrie de sa gloire.

M. le Préfet se lève alors et prononce le discours suivant :

« MESSIEURS,

» Lorsque je me présentai pour la première fois dans ce canton, j'y trouvai un accueil tellement empressé, tellement cordial, que j'en ai gardé une profonde reconnaissance. Je ne pouvais donc recevoir une mission plus agréable que celle de venir dans la ville de Brienne présider une solennité que j'appellerais volontiers l'enregistrement de ses titres de noblesse, titres essentiellement historiques et rehaussés par les nombreuses marques de bienveillance et d'intérêt personnel que lui adressait l'empereur Napoléon 1er.

» En vérité, c'est un légitime sujet d'orgueil pour cette petite ville d'avoir abrité de son hospitalité la jeunesse du plus grand homme des temps modernes, et d'être reconnue par lui pour sa patrie d'adoption.

» Napoléon était né en Corse; mais c'est ici qu'il a été élevé; c'est ici qu'il a parlé pour la première fois notre langue; c'est ici qu'ont été entrevues et recueillies les premières lueurs, les premières inspirations d'un génie qui bientôt devait étonner le monde et subjuguer l'Europe.

» Mais un autre honneur encore était réservé à la ville de Brienne, celui de montrer son dévouement et sa fidélité en l'un de ces jours, néfastes en dépit de leur gloire, où déjà, succombant sous le nombre, son héros disputait pied à pied le sol français à l'invasion étrangère avec une énergie surhumaine.

» Le 29 février 1814, la mitraille labourait vos rues, l'incendie dévorait vos habitations; mais l'armée prussienne fuyait vaincue devant l'Empereur, et son chef, le feld-maréchal Blücher, n'échappait que par miracle à la poursuite des soldats français : cette journée s'est appelée le combat de Brienne. C'est donc à plus d'un titre que votre ville fut chère à un souverain qui jamais n'oublia les services rendus. — Il songeait à elle jusque sur le rocher de Sainte-Hélène, et, par son testament immortel, monument de sa grande âme, il lui a légué une somme de 1,400,000 francs.

» Cet héritage s'est fait, il est vrai, longtemps attendre ; mais vous ne sauriez vous en plaindre. La France, elle-même, marchant de malaise en malaise, de révolution en révolution, n'a-t-elle pas attendu 33 ans l'héritier du grand Empereur, celui qui devait enfin mettre d'accord ses principes monarchiques avec le nouvel ordre social qu'elle avait fondé, et dont elle ne voulait plus à aucun prix se séparer?

» La France a enfin retrouvé sa race impériale, et avec elle ont reparu le calme, la confiance des masses, cette auréole populaire enfin, sans laquelle les dynasties sont impuissantes à gouverner.

» Ce fut aussi, pour la ville de Brienne, le signal de l'envoi en possession, et bien que les ressources sur lesquelles avait compté l'auguste testateur eussent depuis longtemps disparu, elle a pu toucher une somme de 400,000 francs. — Tout le monde l'a compris, ce legs, plus précieux encore par son origine que par ses avantages matériels, devait, entre vos mains, se transformer en des œuvres durables, rappelant aux générations à venir l'importance historique de la localité.

» Votre belle église entièrement restaurée, votre hôpital enrichi et développé, un hôtel-de-ville majestueux, disent assez que quelque chose d'imposant s'est accompli ici ; mais un monument tout spécial, la statue du jeune Napoléon Bonaparte sortant, à l'âge de 15 ans, de l'Ecole de Brienne, précisera désormais le fait principal dont votre ville s'honore, une gloire qu'elle ne partage avec aucune aûtre.

» C'est une belle pensée, ou plutôt une véritable inspiration du cœur, dont votre administration municipale doit être d'autant plus fière aujourd'hui que, grâce au talent d'éminents artistes, elle se trouve réalisée avec un bonheur et une supériorité d'exécution qui feront l'envie de plus d'une grande ville.

» Braves médaillés de Sainte-Hélène, nobles débris des armées de la République et de l'Empire, j'ai voulu vous avoir à mes côtés pendant la cérémonie, car cette fête est la vôtre. (Vive émotion ; on voit les larmes couler sur le visage de ces vieux braves.)

» En voyant ainsi rajeuni celui qui fut votre général, ne vous semble-t-il pas que vos forces se raniment, et que vous seriez prêts à renouveler vos prouesses d'autrefois? Si vous avez voulu placer ici ce bronze, qui d'un seul trait évoque toute notre histoire contemporaine, c'est sans doute pour enseigner à vos descendants le respect, le culte que vous professez pour l'Empire. Eh bien! vos vœux seront accomplis, car votre Empereur a un successeur digne de lui! (Sensation prolongée; cris enthousiastes de *vive l'Empereur!*)

» Si celui-ci a renoncé aux conquêtes, aux agrandissements de territoire, le vol de ses aigles n'en est pas moins élevé; depuis longtemps déjà elles planent sur l'Europe, couvrant de leurs ailes les nationalités opprimées, secondant partout le progrès et la civilisation.

» Et pourtant l'Autriche a méconnu cette politique généreuse; elle nous a contraints de recourir aux armes pour protéger nos alliés. Mais, Dieu aidant, la guerre sera de courte durée.

» L'Empereur l'avait dit, et déjà le combat de Montebello l'a prouvé, la nouvelle armée d'Italie sera digne de sa sœur aînée. (Cris de *vive l'Empereur!*) Bientôt vous presserez dans vos bras vos fils couverts de ces mêmes lauriers que vous avez cueillis jadis, et dont les derniers vestiges brilleront jusqu'à la fin sur vos poitrines.

» Bientôt renaîtra pour nous cette ère de pacifique grandeur, d'influence légitime, parce qu'elle est désintéressée, que les puissances étrangères saluent d'avance par leur neutralité dans la guerre d'Italie.

» Plus heureux que nos pères, nous avons vu, à travers d'émouvantes péripéties, le dénoûment de l'épopée impériale dans l'avénement de l'empereur Napoléon III. Plus heureux que nous-mêmes, nos enfants échapperont à nos épreuves; car ils naissent sous l'égide d'une dynastie triplement acclamée par le pays, sacrée par la gloire, devenue nécessaire au monde entier. Le seul cri qu'ils connaîtront sera celui que nous répétons maintenant avec reconnaissance comme gage de notre sécurité et le vrai symbole de notre patriotisme : *Vive l'Empereur! Vive l'Impératrice! Vive le Prince impérial!*

Ce discours, qui a été religieusement écouté, avait ému les masses qui se pressaient sur la place de l'Hôtel-de-Ville. Des larmes coulaient sur bien des visages; l'impression fut profonde : on répétait avec émotion les dernières paroles de M. le Préfet : *Vive l'Empereur! Vive l'Impératrice! Vive le Prince impérial!* On se rappelait surtout que cette fête était *l'enregistrement des titres de noblesse de la ville de Brienne*, et on avait senti l'auditoire frissonner quand l'honorable magistrat avait dit : « Le » 29 février 1814, la mitraille labourait vos rues, l'incendie dé-

» vorait vos habitations ; mais l'armée prussienne fuyait vaincue » devant l'Empereur. » On a remarqué enfin cette pensée si digne et si noblement exprimée. « L'empereur Napoléon III l'a-» vait dit, et déjà le combat de Montebello l'a prouvé, la nou-» velle armée d'Italie sera digne de son aînée. »

Le maire de Brienne prend ensuite la parole en ces termes :

« Messieurs,

» Au milieu de cette foule émue qui nous presse, entourés de l'élite de nos contrées, nous sommes heureux et fier de prendre la parole pour exprimer de notre mieux nos sentiments de bonheur.

» La solennité de ce jour, qui va laisser dans nos esprits d'impérissables souvenirs, excite parmi nous des impressions profondes, réveille de nobles pensées, et rappelle de grands devoirs.

» En effet, Messieurs, n'est-ce pas ici qu'à l'âge le plus tendre le héros que nous honorons aujourd'hui, admirateur passionné de Plutarque, s'apprit aux leçons qui devaient plus tard le placer à la tête des capitaines les plus renommés de l'antiquité et des temps modernes?

» N'est-ce pas ici que ce génie naissant puisa le goût de cette science administrative dont l'application rigoureuse non moins qu'intelligente sauva la France à l'époque si désastreuse de nos discordes intestines?

» N'est-ce pas ici qu'il se façonna à cette rectitude d'idées, à cette ampleur de vues dont le Code immortel qu'illustre son nom porte en toutes ses dispositions l'indélébile empreinte?

» Oui, Messieurs, oui, c'est ici que grandit cet homme extraordinaire, aussi prodigieux dans ses succès qu'il fut ferme dans ses revers.

» C'est de Brienne qu'il prit son premier élan vers l'immortalité.

» Aussi, quel reflet de gloire pour la petite ville qui fut son berceau de s'orner de son nom !

» Quelle bonne fortune pour elle de revoir si bien traduits par l'art les traits de son jeune nourrisson, dont la renommée sut remplir les deux mondes !

» Quelle cité ne serait jalouse de ce témoignage flatteur que rendit à Brienne son illustre enfant d'adoption, quand il dit un jour : *Pour ma pensée, Brienne est ma patrie : c'est là que j'ai ressenti les premières impressions de l'homme!*

» Et ces dons, que l'auguste testateur lui départ dans ses codiciles, outre l'avantage matériel dont elle s'enrichit, ne sont-ils pas encore pour elle une marque de sa vive et filiale affection?

» A l'aspect de ce riche monument, au sein d'une localité modeste, ne devine-t-on pas tout d'abord l'œuvre d'une haute bienfaisance, et ne ressent-on pas en même temps le besoin d'honorer le bienfaiteur?

» Oh! oui, ce sentiment nous l'éprouvons aussi à la vue de cet édifice sacré, où se chantent les louanges du divin Maître, édifice maintenant achevé et raffermi sur ses antiques bases que le temps avait ébranlées.

» Une sensation non moins vive encore nous émeut, nous pénètre, en voyant cet abri hospitalier largement ouvert à l'indigent, à qui sont dispensés, par les dévouements des saintes filles qui le desservent, et les soins de chaque jour qui viennent en aide au corps, et les douces consolations qui soulagent l'âme et la fortifient.

» Qui de vous, enfants de Brienne, resterait froid en présence de tant de bienfaits?

» Mais nous le savons, la reconnaissance, cette tendre effusion des bons cœurs, déborde des vôtres ; vos joies les élèvent, et, rayonnant sur toutes les populations qui vous entourent, donnent à la cérémonie du jour un caractère de fête nationale qui fait honneur à chacun.

» *Vive l'Empereur! Vive l'Impératrice! Vive le Prince impérial!* »

Ces paroles du premier magistrat de la glorieuse ville ont été écoutées avec attention, et les cris de : *Vive l'Empereur! Vive l'Impératrice! Vive le Prince impérial!* se sont de nouveau fait entendre.

M. le Préfet se leva ensuite et dit : « Messieurs, je viens vous » annoncer une bonne nouvelle : Sa Majesté l'Empereur vient » d'accorder à M. Chavance, maire de Brienne-Napoléon, la » croix de chevalier de l'ordre impérial de la Légion-d'Honneur, » et m'a chargé de la lui remettre moi-même. » La nouvelle de cette faveur a été accueillie avec satisfaction : elle était, en effet, un témoignage de plus des honneurs que le Gouvernement impérial voulait attribuer à la ville et au canton de Brienne tout entier, aussi bien que la constatation des vingt années des services administratifs du nouveau chevalier.

M. le Préfet et tout le cortége s'approchèrent ensuite de la statue pour en admirer les détails, aussi bien qu'ils en avaient admiré l'ensemble.

A quatre heures, M. le Préfet se rendit en grande pompe à l'église pour assister au *Te Deum* qui devait consacrer religieusement l'imposante cérémonie.

Les orgues, nouvellement réparées, firent entendre à son entrée des sons aussi purs qu'harmonieux, sous les doigts d'un excellent artiste de Troyes, M. Arnaud ; plus tard M. Meyer les fit résonner aussi avec un talent fort remarquable.

A son entrée, M. le Préfet fut reçu par M. l'abbé Roisard, vicaire général, archiprêtre, représentant Mgr Cœur, évêque de Troyes, en ce moment malade, par le clergé de la ville et par celui d'une partie du canton de Brienne.

M. le Préfet et le cortége, Mme la vicomtesse de Charnailles, Mme la comtesse de Narcillac, Mme Chavance, Mme Courant et Mme la baronne de Metz prirent place dans le chœur ; les dames de Brienne se rendirent aux places qui leur avaient été réservées dans la nef. Puis M. l'abbé Roisard, vicaire général, monta en chaire et prit la parole en ces termes :

« Mes Frères,

» La religion ne saurait rester muette dans cette solennelle circonstance ; n'a-t-elle pas, elle aussi, à payer son tribut d'éloges et d'actions de grâces à ses nobles bienfaiteurs? et, en retour de leurs bienfaits, ne leur doit-elle pas ses meilleures bénédictions et le suffrage de ses plus ferventes prières?

» Ah ! mes frères, dans une aussi grave cérémonie, que j'ai de regrets de tenir la place d'un illustre pontife, d'un prince de la chaire sacrée, dont la parole puissante, si goûtée dans le palais des Césars, était seule digne d'être ici l'organe de la religion, pour que la louange ne vînt pas à languir devant de si grands noms et de si grandes choses ! Oui, cette voix éloquente pourrait seule célébrer dignement le chef immortel de la dynastie napoléonienne, et donner, comme par une sorte de dédicace, une sanction sacrée aux admirables résultats de la munificence de deux Empereurs.

» Ville de Brienne! pour acquitter la dette du cœur, et consacrer avec une auguste image l'impérissable souvenir du Prince qu'elle représente, quel moment plus opportun pouviez-vous choisir, que celui où l'héritier du nom et de la couronne de Napoléon Ier prend en main l'épée de la France, l'épée de son oncle, se met à la tête de nos brillantes légions, et fait reprendre à ses aigles invincibles leur vol vers des plaines, vers des villes, où la victoire connaît son nom ; où, à un demi-siècle de nous, elle s'est plu sous nos drapeaux, et a fait rayonner de gloire le front de ces vieux soldats, sur la poitrine desquels je vois briller la médaille impériale, souvenir de tant d'héroïsme!

» Dans les mains de Charles Martel, cette épée de la France a sauvé autrefois l'Europe entière de la barbarie.

» Dans les mains de Charlemagne, elle a assuré l'indépendance de la religion, en consolidant l'autorité temporelle du pontife romain.

» Dans les mains de Godefroy et de saint Louis, elle a préparé de loin, par les croisades, la civilisation et la délivrance de l'humanité.

» Dans les mains de Napoléon Ier, elle a fondé l'Empire, rouvert nos temples, et remis en honneur toutes les idées d'ordre, d'organisation et d'héroïsme.

» Aujourd'hui, cette épée de la France, dans les mains de Napoléon III, après avoir sauvé la France elle-même par une de ces mesures providentielles, effet d'une illumination d'en haut et d'une évidente mission du ciel, après avoir fait prévaloir la France dans les conseils des rois, prépare l'affranchissement des peuples écrasés sous le sceptre de fer de leurs oppresseurs.

» Ah! Prince, en prenant en main cette cause sacrée, vous montrez bien que vous êtes sorti du cœur et des entrailles de la France; de la France, cette patrie de toutes les nobles entreprises, de tous les généreux instincts.

» Je le répète, quel moment plus convenable pour célébrer le plus grand nom des temps modernes, que celui où, au prestige et aux splendeurs de son passé, son héritier ajoute, dans le présent, l'éclat de la plus solide gloire!

» Du reste, ville de Brienne, indépendamment des dons de la

munificence impériale, qui vous imposent des devoirs bien doux à remplir, quelle cité, dans notre province, oserait se flatter de posséder des titres aussi incontestables que les vôtres, à conserver, comme un majestueux dépôt, la mémoire de Napoléon Ier?

» Que de souvenirs, parmi vous, que de faits le rappellent, qui se sont passés dans votre enceinte! — Souvenir de l'éducation que lui donna la religion féconde, puissante, pour développer en lui les qualités qui en ont fait un grand homme, un héros! — Souvenir de l'époque du sacre, quand, le lendemain de ce beau jour, il avait hâte de venir vous revoir pour épancher sur vous ses premiers bienfaits! — Souvenir enfin, douloureux souvenir, je l'avoue, des désastres que fit peser sur vous la guerre, alors que de cruelles épreuves commençaient à compléter la gloire de l'Empereur, par ce je ne sais quoi d'achevé, que le malheur ajoute aux grands hommes et aux grandes qualités!

» A la vue des ruines de vos habitations en cendres, le cœur de l'Empereur s'était ému, oubliant ses propres infortunes pour s'occuper des vôtres : « *Cher pasteur,* » disait-il à votre vénérable curé de cette époque (dont j'ai longtemps été le collègue près d'un pontife de douce et sainte mémoire (1); c'est de lui-même que j'ai appris ces détails), « *cher pasteur,* lui » disait l'Empereur, *nous vous avons fait bien du mal! . . .* » « *Sire,* » répondait le digne prêtre (posant d'une main habile la première pierre de la restauration de son pays), « *Sire, la* » *ville de Brienne est habituée à vos bontés; elle compte sur* » *votre munificence pour réparer ses pertes.* » Et à l'instant même le magnanime Empereur vous promettait les dédommagements convenables, et vous donnait toutes les consolations de l'espérance.

» Aujourd'hui, mes frères, que vous les avez reçus, ces dédommagements promis; aujourd'hui que, selon le vœu de votre digne et pieux pasteur (2), et par l'effet du zèle si bien intentionné de l'honorable chef de cette cité (3), les travaux qui

---

(1) M. l'abbé Legrand, ancien curé de Brienne, depuis vicaire général de Mgr Des Hons.

(2) M. l'abbé Legras, curé actuel de Brienne.

(3) M. Chavance, maire de Brienne.

donnent à cette église ses beautés, sa perfection, son unité, sont accomplis, parce qu'on a sagement pensé qu'il était convenable d'apporter autant d'intérêt aux constructions de la maison de Dieu, qu'à celle si remarquable de l'hôtel-de-ville de votre cité; à ce moment, où nous allons clore la solennelle inauguration que nous venons de faire de l'une et de l'autre, que reste-t-il, sinon d'en témoigner à Dieu toute notre reconnaissance par un cantique d'actions de grâces, et de réunir nos plus ferventes prières pour lui demander avec instance ces trois choses :

» D'abord, au souvenir de Napoléon Ier, le père commun de la grande famille de France, qui a disparu à nos yeux, enseveli, comme dans toutes les gloires de la terre, dans le souvenir de ses victoires et de ses grandes actions ; pour lui demandons à Dieu les magnifiques consolations de la gloire éternelle.

» Puis, à la pensée de Napoléon III, à la vue des hasards auxquels son grand cœur l'expose, à la vue des périls qui, dans ces temps difficiles, entourent la charge souveraine; pour lui, demandons la continuation de ce secours spécial de Dieu, de cette protection, dont le ciel l'a couvert comme d'un bouclier impénétrable à l'heure du danger.

» Enfin, plus touchés des horreurs de la guerre que de la gloire de nos succès, pour la France, demandons que la paix sorte bientôt avec la victoire des plis de notre drapeau ; cette paix, que ni les princes, ni les combats, ni les victoires, ni le monde entier ne peuvent nous donner, comme le dit l'Eglise, *Quam mundus dare non potest, pacem*. Cette paix, qui ne peut être qu'un don de l'infinie bonté de Dieu, ah ! qu'elle descende du ciel ! et nous bénirons celui qui nous l'aura donnée comme un élément de bonheur présent et à venir. »

Ce discours a vivement impressionné, et tous les assistants se sont réunis dans une commune et fervente prière pour Napoléon Ier, pour Sa Majesté l'empereur Napoléon III, exposé alors à tous les dangers de la guerre, en Italie, pour la France et pour la paix, qui devait couronner les nouveaux triomphes de notre glorieuse armée.

Le *Te Deum* fut ensuite chanté avec la plus grande solennité, et ainsi se termina la première partie de la fête.

M. le Préfet fut reconduit à l'hôtel-de-ville par le cortége et les nombreuses divisions de sapeurs-pompiers.

Cependant, un double banquet s'était improvisé : l'un avait lieu dans la grande salle de l'ancienne Ecole militaire de Brienne-Napoléon, et, présidé par M. le Préfet, il réunissait toutes les autorités locales et départementales à une table de 60 couverts ; l'autre, auquel étaient conviés les sapeurs-pompiers et les anciens militaires, était établi sous la halle.

Le banquet, donné le jour de l'inauguration des monuments de Brienne, avait lieu dans ce même réfectoire où le jeune Napoléon Bonaparte s'était si souvent assis. Que de souvenirs évoquait cette heureuse coïncidence ! Un ancien élève de l'Ecole assistait à cette réunion, c'était M. le marquis de Dampierre, officier de la Légion-d'Honneur, membre du Conseil général de l'Aube ; il est un de ces braves officiers qui se sont distingués dans la campagne d'Espagne. Il porte ses quatre-vingts ans comme il appartient aux hommes de cette forte et vigoureuse génération ; il semblait rajeunir en se trouvant dans ces murs qui ont abrité sa jeunesse.

M. le Préfet avait à sa droite M. le comte Eugène Dubois, conseiller d'Etat, membre de la Commission chargée de l'exécution du testament de l'empereur Napoléon Ier, et M. Courant, procureur impérial à Bar-sur-Aube ; à sa gauche, M. Boucher, procureur impérial à Troyes. M. le maire de Brienne, en face de M. le Préfet, avait à sa droite M. l'abbé Roisard, vicaire-général, et à sa gauche, M. le comte de Narcillac, sous-préfet de Bar-sur-Aube. Les autres invités étaient rangés ensuite suivant l'ordre hiérarchique. La salle, artistement décorée, était servie avec une élégance délicate, digne de la splendide hospitalité de la ville de Brienne.

Au moment du dessert, M. le Préfet s'est levé, et a porté, au milieu d'un silence solennel, un toast à la ville de Brienne :

« *A la ville de Brienne !*

» *A sa large et brillante hospitalité !*

» Ne dirait-on pas vraiment que les boulets prussiens se sont changés pour elle en lingots d'or ? C'est le cœur de ses habitants qui déborde. C'est l'explosion de leur fidélité et de leur enthousiasme.

» A l'abri de ces voûtes célèbres, si bien faites pour inspirer, recueillons-nous un moment, et que le département tout entier, si dignement représenté par vous, Messieurs, s'unisse avec la ville dans un même sentiment et un même cri. *Vive l'Empereur!* »

Ces paroles chaleureuses ont électrisé l'assemblée, et les vivats les plus enthousiastes ont fait retentir les voûtes du vieil et célèbre édifice.

M. le maire de Brienne se leva ensuite et porta le toast suivant :

A Sa Majesté l'empereur Napoléon III!

« Si gouverner les peuples est sans contredit la plus rude tâche qui, d'en haut, puisse être imposée à l'homme à raison de la grandeur de l'œuvre et de l'immense responsabilité dont elle le charge, que de grâces, que d'amour ne doit-on pas au Souverain dont tous les moments sont consacrés à ce difficile labeur, et qui, en vue du bonheur de ses peuples, s'y livre avec l'ardeur, avec la sagesse, la conscience et la fermeté nécessaires pour atteindre un si noble but!

» Cette tâche, qui n'offre ni repos ni trève à celui qui la remplit, doit donc le faire entourer de la reconnaissance et de l'admiration publiques, quand, par une volonté ferme et des efforts constants, il est parvenu au parfait accomplissement de son mandat.

» Eh bien! Messieurs, ces grâces, ces bénédictions, cette reconnaissance, ne sont-elles pas dues à l'homme que la grande voix de la France a appelé à notre tête pour calmer nos discordes, affermir l'ordre, développer l'industrie, en un mot, pour la rendre heureuse et la faire remonter au rang d'où elle était descendue?

» Honneur donc à Napoléon, à notre Empereur bien-aimé, qui a fait toutes ces choses, et dont la vive sollicitude sera toujours, nous en avons la confiance, pour notre gloire et notre commune prospérité.

» Messieurs, *à l'Empereur!* »

De sympathiques acclamations ont accueilli ces paroles, et, lorsque le silence se fut rétabli, M. le sous-préfet de Bar-sur-Aube s'exprima ainsi :

« Monsieur le Préfet, Messieurs,

» J'ai l'honneur de vous proposer un toast à l'artiste qui a exécuté la statue du jeune Napoléon, et aux artistes qui ont concouru aux travaux de Brienne-Napoléon.

» Messieurs, je comptais prendre la parole à la cérémonie d'inauguration de la statue du jeune élève de l'Ecole militaire de Brienne, à laquelle nous venons d'assister ; mais les souvenirs qu'elle a réveillés ont été retracés d'une manière si complète, si digne et en de si nobles termes, par M. le Préfet et par M. le Maire de Brienne, que j'aurais craint d'affaiblir ou de répéter d'une manière moins heureuse tout ce qui avait été dit de si beau et de si touchant.

» Je quitte donc ces hautes sphères pour me transporter avec vous dans un domaine plus modeste, mais qui a aussi sa grandeur : je veux vous parler du domaine des arts. Je viens adresser, au nom de tous, de sincères félicitations à l'artiste si distingué qui a exécuté avec une noble simplicité la statue de Napoléon, élève de l'Ecole militaire.

» Nous avons admiré avec une vive satisfaction les traits de celui qui fut si grand, vous avez remarqué ce front où semblent se presser tant de pensées profondes, ce regard si digne, cette expression de jeunesse et de fermeté répandue sur toute sa personne, et où se lit déjà le présage de cette puissance qui a mis l'Europe à ses pieds. et par l'Europe le monde entier. Ainsi nous le retrouvons tel qu'il était. et le sujet offrait d'autant plus de difficultés qu'il n'existe pas de portrait du jeune Napoléon à cet âge, c'est-à-dire entre quinze et seize ans. Cette œuvre d'art. d'un grand fini. est donc une création qui élève plus haut encore le mérite déjà si connu de l'auteur, M. Rochet. Elle est pour nous, comme elle le sera pour la postérité, la vivante image de l'élève de l'Ecole militaire de Brienne.

» Honneur à M. Rochet !

» Honneur à ceux qui ont exécuté les travaux de Brienne sous l'intelligente direction de M. Garrel, architecte départemental !

» *Je bois à M. Rochet, aux Artistes !* »

D'unanimes applaudissements accueillirent ces simples et sympathiques paroles.

En finissant. M. le sous-préfet s'était tourné vers M. Rochet, et lui avait serré la main avec effusion, ainsi qu'aux artistes.

Les applaudissements alors redoublèrent, et chacun voulut féliciter ces messieurs de leur triomphe.

M. Richaud, proviseur au Lycée de Troyes, prit aussi la parole et lut la remarquable pièce de vers qui suit, et qui fut composée pour la circonstance. On y rencontre des accents passionnés, émouvants. Elle fut interrompue plusieurs fois par les applaudissements de l'auditoire profondément impressionné. Il serait difficile de donner ici une idée de l'effet produit; car ces beaux vers furent admirablement débités.

BRIENNE. — 1784, 1814, 1859.

1784.

C'était ici : l'enfant comptait seize ans à peine ;
Et depuis tantôt huit qu'il était à Brienne,
Il n'avait pas revu, fendant les flots amers,
Son île de granit qui dort au sein des mers.
Donc il était parfois silencieux et triste,
Comme l'a fait le bronze et l'a rêvé l'artiste.
Un long hiver planait sur ces murs froids et nus.
Les pauvres écoliers en classe retenus,
Pour dissiper un peu l'ennui qui les assiége,
Regardaient dans les cours s'amonceler la neige.
Une voix tout-à-coup dans les rangs éclata :
« Camarades, à nous d'autres jeux que ceux-là !
» La guerre nous attend ; formons-nous à la guerre. »
Il dit, et secouant une indigne poussière,
Au milieu de la cour, il s'élance : on le suit.
Les maîtres étonnés du tumulte et du bruit,
Se demandent quel est ce général imberbe
Qui commande en vainqueur à des héros en herbe.
On creuse des fossés, on bâtit des remparts ;
L'école se divise en deux égales parts
Qui, se donnant carrière, et mesurant l'espace,
Attaquent tour à tour et défendent la place.
Tour à tour ces enfants sont vaincus ou vainqueurs.
Un souffle belliqueux a passé dans leurs cœurs;
La poudre, non, la neige aux mains adolescentes
Se pétrit, et boulets, bombes éblouissantes
De voler, d'éclater, de frapper. Au milieu,
L'invincible guerrier, comme un roi, comme un dieu,
Car il a pris soudain une plus haute taille,
Paraissait à son gré gouverner la bataille.
Son geste impétueux et son coup-d'œil hardi
Réglait ou devinait la manœuvre. On eût dit

Qu'il voyait devant lui deux vaillantes armées
D'une égale fureur au combat animées;
Qu'il entendait le choc des nombreux bataillons,
Et que, comme un torrent qui coule à gros bouillons,
Son bras frêle, étendu sur un empire immense,
Allait précipiter les soldats de la France.
Quand Dieu les a marqués pour ses décrets lointains,
Les grands hommes ainsi pressentent leurs destins,
Et lorsque la promesse est de l'effet suivie,
L'histoire avec amour interrogeant leur vie,
Signale ces débuts, et reconnaît en eux
D'un avenir certain les signes glorieux.
Ainsi, quand pour calmer sa sublime tristesse
L'exil lui rappelait les jours de sa jeunesse,
Le héros souriait à ces combats d'enfants,
Prélude glorieux de ses jours triomphants.

1814.

C'était encore ici : l'Europe tout entière,
De l'Empire ébranlé renversant la barrière,
S'élance, et, comme un fleuve en cent lieux débordé,
Remplit d'un flot vainqueur le pays inondé.
Attila revient-il aux plaines de Champagne?
Voici les jours mauvais, la dernière campagne,
Où comme un fier lion, par le nombre accablé,
Trahi, mais non vaincu, par la peur immolé,
Défendant pied à pied son empire et sa gloire,
Et de chaque combat faisant une victoire,
L'Empereur se soutient par sa seule valeur,
Et s'élève en tombant, grandi par le malheur.
Le voici! sur sa tête ont passé les années;
Il porte sans fléchir le poids des destinées.
C'est le même regard, son geste est aussi sûr.
Et, comme jeune encore il semblait déjà mûr,
Mûr de jours et de gloire, il paraît jeune encore;
Son front pâle un moment s'anime et se colore :
Qu'a-t-il vu? quel objet ou sombre ou radieux,
Nuage, éclair soudain, passe devant ses yeux?
Il a vu dans ces murs où, calme et solitaire,

Sa jeunesse coula dans le travail austère,
Au pied de ce château, sous ces ombrages verts,
Où, l'histoire à la main par les sentiers déserts,
Enfant, il évoquait les héros du vieux âge,
Et des mâles vertus faisait l'apprentissage,
Il a vu l'ennemi fier, cruel, insultant,
Qui plante son drapeau, se retranche et l'attend.

L'ennemi ! l'ennemi sur la terre de France !
A Brienne ! au berceau sacré de son enfance !
O vengeance ! qui peut désormais le tenir ?
Ah ! la foudre est moins prompte à frapper et punir.

Ils sont vaincus : partout la mort ou la retraite;
Mais la ville paiera leur sanglante défaite.
Pour cacher le chemin par lequel ils ont fui,
Ils élèvent un mur de flamme entre eux et lui.

On dit que l'Empereur, sa colère attiédie,
Contempla tristement le fatal incendie,
Et qu'il chercha des yeux, dans la flamme et le bruit,
De ses premiers combats le théâtre détruit.

Je ne sais; mais avant de fermer la paupière,
Quand il se recueillit à son heure dernière,
Il voulut — les mourants lisent dans l'avenir —
Consacrer de ce jour l'éternel souvenir.
Il voulut, consolant vos disgrâces passées,
Et mettant dans vos cœurs de plus douces pensées,
Réparer par l'oubli, la concorde et l'amour,
Ce que pour lui Brienne a souffert en ce jour.
Il voulut, surpassant les hommes héroïques
Qui font ce pays grand dans les âges antiques,
Vous donner, généreux et magnifique don,
Un rayon de sa gloire et l'orgueil de son nom.

1859.

Et c'est toujours ici : le grand homme qui tombe
Ne s'est donc pas couché tout entier dans la tombe?
Il laisse un héritier, noble et pieux vengeur.
La France est un empire et veut un empereur.
Le testament sacré s'ouvre; la gloire éteinte
Se ranime. Marchant et sans haine et sans crainte,

La France est grande et forte ; elle parle, et sa voix
Retentit calme et juste à l'oreille des rois.
Voici les jours dorés de puissance et de gloire !
Ce n'est plus seulement la guerre et la victoire ;
C'est le travail fécond qui ne tarit jamais,
C'est l'honneur, la vertu, la justice et la paix :
Quel rêve ! quel destin merveilleux et splendide !
Où marchons-nous ? quelle âme et quelle main nous guide ?
Que dirait-on ? que l'autre en sa tombe endormi,
Auprès de celui-ci se levant à demi,
Et des choses d'en haut révélant le mystère,
Lui donne des leçons pour régner sur la terre.
Les morts après trente ans sortent-ils du tombeau ?
Ah ! ce jour qui pour nous est si grand et si beau,
Ne le serait-il pas mille fois plus encore,
Si soudain s'éveillant à notre voix sonore,
A l'appel mille fois répété de son nom,
Se penchait de là haut sur nous Napoléon ?
Mais que dis-je ? cette âme immortelle et divine,
En remontant aux lieux de sa pure origine,
N'a pu nous oublier à jamais. Je la vois,
Sur deux points de ce monde attentive à la fois,
Recevoir de nos cœurs cet hommage suprême,
Puis se tournant là-bas vers cet autre lui-même,
Qui de la France encore illustrant le drapeau,
A des noms glorieux donne un éclat nouveau,
Sourire dans sa gloire et bénir cette armée,
Qui porte des remords à l'Autriche alarmée,
Et qui brisant le joug des peuples abattus,
Leur rend l'indépendance et leurs vieilles vertus.

L'assistance répéta ensuite avec enthousiasme les cris de *Vive l'Empereur!* et se sépara heureuse des souvenirs qu'elle venait d'évoquer, heureuse d'avoir fait éclater tout son dévoûment à la dynastie impériale au sein de la ville qui fut son berceau.

Le banquet des 400 couverts avait eu lieu en même temps sous la présidence du maire de Rosnay, doyen des maires du canton, M. Delacour ; la plus franche cordialité y régnait, la gaîté, l'enthousiasme éclataient de toutes parts ; les uns rappelaient les traits les plus charmants de la vie de l'empereur

Napoléon Ier; d'autres avaient combattu à ses côtés et parlaient de son dédain pour le danger, de sa générosité, de sa bonté pour le plus humble soldat. A la fin du repas, M. le Maire de Rosnay porta un toast à l'Empereur. Voici les parties les plus remarquables de son discours, qui fut accueilli avec la plus vive sympathie, et aux cris mille fois répétés de *Vive l'Empereur! vive l'Impératrice ! vive le Prince impérial !*

« A l'Empereur Napoléon Ier !

» Il y a dix ans et plus, dans une grande réunion des habitants de ce canton, j'ai parlé d'un baptême; j'ai demandé avec vous que Brienne reprît le nom dont il est fier, de Brienne-Napoléon, et qu'une statue fût élevée, sur la place principale de Brienne, au jeune Napoléon Bonaparte, élève de l'Ecole militaire.

» Quand Napoléon, ce géant, ce Dieu des batailles, était à cheval, les rois et les empereurs de la terre s'inclinaient pour baiser sa botte; quand il était aux Tuileries, sur son trône environné de gloire, les rois et les empereurs faisaient antichambre et attendaient ses ordres.

» Il fut aussi grand, et peut-être plus grand qu'Alexandre-le-Grand, que César, que Charlemagne, que Louis XIV.

» C'était le soleil des intelligences; comme le soleil, il s'est levé à l'Orient, en Egypte; comme le soleil, il s'est couché à l'Occident, à Sainte-Hélène, sur un roc haut et escarpé, à la vue du monde entier; et lors de son dernier passage sur la France, Napoléon a fait éclater son tonnerre sur les prussiens qui souillaient le sol de son Brienne, et les en a chassés; il a lancé les boulets de fer à l'endroit même où il avait lancé les boules de neige, et c'est avec le glaive d'empereur, remplaçant la plume d'écolier, qu'il a buriné son testament de 1,400,000 fr. pour Brienne.

» Depuis quelques jours, il s'agite dans son cercueil, aux Invalides; il brise le bronze qui l'y retient, et s'élance vers Brienne pour nous regarder et nous entendre : Voyez-vous sa grande figure et son aigle au front de l'Hôtel-de-Ville! Voyez-vous Napoléon-le-Grand, redevenu le jeune Napoléon, ayant le globe à ses pieds, plus heureux que Charlemagne qui le porte dans ses mains! Le voyez-vous, tenant un livre, qui prouve qu'avec l'étude et le travail on monte au faîte de la fortune et des honneurs!

» Messieurs, *à Napoléon I*er*!* (Interruptions, cris enthousiastes de *vive l'Empereur!*)

» Messieurs, *à la santé de Napoléon III, empereur des Français!*

» C'est le digne héritier de Napoléon Ier.

» Comme son oncle, le 2 décembre, Napoléon III fait son 18 brumaire, et renverse cette tour de Babel où existait la confusion des langues.

» Comme son oncle, il dit au peuple : Faites de moi ce que vous voudrez. Et le peuple répond par sept millions de suffrages : *Empereur! Empereur!*

» Son oncle rouvre les églises et relève les autels de notre religion sainte, dont il proclame les vérités par des pages admirables; il se fait sacrer par le saint Père. Napoléon III, tenant haut le drapeau du Christ comme il tient haut le drapeau de la France, rétablit le saint Père sur son trône et le prend pour parrain du Prince impérial; il honore partout cette même religion qu'il pratique ouvertement.

» Comme son oncle, il consolide l'édifice social, ébranlé par les passions; fait refleurir l'agriculture, le commerce, les beaux-arts; donne du travail à tous les ouvriers, ouvre des asiles, ou plutôt des palais, aux ouvriers et aux soldats invalides; adoucit toutes les souffrances, fait sortir de terre un nouveau Paris d'une magnificence magique.

» Comme son oncle, enfin, il est à la tête d'une vaillante armée en Italie, à Alexandrie, à Marengo, à Montébello, où il remporte une victoire qui sera suivie d'autres victoires promptes et décisives.

» Bientôt il reviendra triomphant au milieu du peuple dont il est le sauveur et le père, tenant dans une main les lauriers de la victoire, et dans l'autre main l'olivier de la paix, qu'il aura ainsi raffermie.

» Vous le voyez, la ressemblance est si parfaite que ces deux grands hommes paraissent ne faire qu'un seul et même homme.

» Messieurs, *à l'Impératrice!*

» Elle est aussi bonne, aussi courageuse qu'elle est belle. Elle est souveraine par la beauté et les plus excellentes vertus.

» Dieu a voulu qu'un grand homme trouvât toutes les grandeurs dans son auguste compagne.

» *Au Prince impérial!* Tel père, tel fils! Jamais les aigles n'ont engendré de colombes!

» *A l'armée!*

» Elle a toujours sauvé l'ordre et la patrie; elle les sauvera toujours.

» Elle s'immortalise par ses hauts faits comme sa devancière, la grande armée.

» Messieurs, enfin, *au canton de Brienne-Napoléon!* aujourd'hui si heureux d'avoir entendu les admirables paroles de M. le Préfet, administrateur éminent, dont nous sommes chaque jour à même d'apprécier le rare mérite; c'est aussi avec bonheur que nous avons entendu les pages éloquentes de votre ami, le Maire de Brienne, sur la poitrine duquel vient d'être attachée la croix d'honneur; il ne manque rien à cette fête mémorable, pour laquelle le beau temps est subitement revenu; car, chose remarquable, le ciel favorise toujours les fêtes de l'Empereur.

» Nous jouissons de la présence de tous les hauts fonctionnaires du département, de toutes les dames qui par leurs grâces rehaussent l'éclat de cette solennité; Mme la vicomtesse de Charnailles, Mme la comtesse de Narcillac, Mme la baronne de Metz, Mme Chavance et tant d'autres ajoutent à la beauté de cette fête. M. le Sous-Préfet, si distingué par sa bonne, active et prudente administration, se trouve avec bonheur au milieu de vous.

» Nous voyons, Messieurs, l'accomplissement de nos vœux. Aujourd'hui, nous buvons le vin de la fête, nous mangeons les dragées du baptême, et S. M. l'empereur Napoléon III y a contribué par un don de 400,000 fr.

» *Au canton de Brienne-Napoléon! A toutes les communes! A tous les habitants si honnêtes, si intelligents, si laborieux qui le composent! A toutes ses gloires! (Vive l'Empereur Napoléon III! vive l'Impératrice! vive le Prince impérial!)* »

Plusieurs officiers des sapeurs-pompiers prirent ensuite la parole, ainsi que des médaillés de Sainte-Hélène. La nuit vient, le feu d'artifice va couronner cette journée de fête; on se porte en masse vers la route impériale de Brienne à Vitry, où Ruggieri, l'artificier de l'Empereur, donne aux nombreux spectateurs cette fête des lumières et des splendeurs merveilleuses, si chère aux yeux et aux oreilles des vieux débris de nos armées, pour lesquels elle reproduit comme une image des combats d'autrefois.

De splendides illuminations ornaient la place de l'Hôtel-de-Ville, la route et les rues adjacentes; des milliers de verres de couleur représentaient les aigles impériales, des N entrelacés, les chiffres de l'Empereur et de l'Impératrice, et éclairaient les mâts, couverts d'oriflammes et de drapeaux tricolores, qui bordaient les avenues de la ville et les places publiques. Tous les monuments et une foule de maisons particulières étaient spontanément couverts de lampions; l'effet était aussi régulier qu'éclatant.

A dix heures, la grande salle de l'Hôtel-de-Ville se remplit d'une foule élégante et nombreuse, et un excellent orchestre, dirigé par des artistes de Troyes, commença à préluder aux danses. L'escalier avait été orné de draperies en velours rouge à crépine d'or; le premier salon était décoré de treillages vert et or, de feuillages et de fleurs.

Les danses se prolongèrent jusqu'à deux heures du matin.

Cependant, sur la place de l'Hôtel-de-Ville, un bal champêtre était organisé; de nombreux danseurs se pressaient aux sons d'un orchestre bruyant, et l'on ne s'amusait pas moins au-dehors qu'au dedans du monument dont est fière la ville de Brienne.

Telle fut cette grande journée de l'inauguration solennelle de la statue de l'empereur Napoléon Ier. Le souvenir de cette belle fête restera profondément gravé dans la mémoire sympathique de cette excellente et laborieuse population de laboureurs et de soldats. Reconnaissante envers la Main qui lui a promis, elle a béni la Main qui a accompli les promesses. Brienne et Napoléon sont deux noms à jamais unis; impérissables comme eux, les sentiments du canton de Brienne-Napoléon envers la dynastie impériale sont et seront toujours marqués au coin de la fidélité, du dévoûment et de la reconnaissance. Anoblis par deux empereurs, ses habitants n'oublieront jamais qu'il est doux et facile de se souvenir.

TROYES, TYP. BOUQUOT.

www.ingramcontent.com/pod-product-compliance
Ingram Content Group UK Ltd.
Pitfield, Milton Keynes, MK11 3LW, UK
UKHW020220200726
13856UKWH00004B/1510

9 782013 071680